한(漢)의 몰락,

그 이후 숨기고 싶은 어리석은 시간

글

최봉수

서울대학교 국어국문학과를 졸업했다. 김영사 편집장, 중
앙M&B 전략기획실장, 랜덤하우스중앙 COO를 거쳐 웅
진씽크빅, 메가스터디 대표이사, 프린스턴리뷰 아시아 총
괄대표를 지낸 후 현재는 기업, 단체의 자문과 집필을 하고
있다. 지은 책으로 《출판기획의 테크닉》(살림, 1997), 《인
사이트》(나무나무, 2013), 《오십, 고전에서 역사를 읽다》
(가디언, 2022)가 있다.

100페이지 특톡 인문학

한(漢)의 몰락,
그 이후 숨기고 싶은 어리석은 시간

권력자와 지식인의 관계

최봉수 지음

가디언

'100페이지 톡톡 인문학'
기획 의도

출판업은 제조업으로 분류됩니다.

무형의 지식과 정보를 활자로 변형하여

종이에 새겨 책이라는 상품을 찍어내는 비즈니스입니다.

TV라는 영상 매체가 등장하면서

활자 출판업은 올드 미디어로 분류되었습니다.

PC와 모바일폰이 진화하면서

종이책은 불편해졌고,

환경 파괴의 종범 정도까지 취급되고 있습니다.

그러면 출판업은 사라져야 할까요?

그래서

출판업을 다시 정의해 봅니다.

출판업의 핵심 역량은

활자와 종이가 아닙니다.

에디팅editing, 편집입니다.

지식과 정보를 가공하고 배열하여

새로운 가치를 만들어내는 비지니스라고,

출판일을 처음할 때

책은 지식과 정보를 제공해야 한다고 배웠습니다.

그런데 시간이 지나 인터넷 시대가 되면서

사람들은 더 이상 책에서 정보를 구하지 않습니다.

그리고 챗GPT가 등장하면서

앞으로 지식도 책에서 얻으려 하지 않을 것입니다.

그러면 책은 사라져야 할까요?

그래서

책의 가치를 다시 생각해봅니다.

정보를 모으고, 지식을 나열하는 일은

0과 1만 아는 괴물에게 넘기고

그 대신

그 괴물이 토해내는

어마어마한 팩트 더미에서

하나의 질문을 찾아야 한다고

지식과 정보에서 지혜를 구해야 한다고.

'100페이지 톡톡 인문학'
머리말

결국,

사람이다.

『100페이지 인문학』은 사람 이야기다.

그 사람의 일생이 아니라

역사에 등장했던 순간

그의 선택에 관한 이야기다.

역사는 배경이 되고,

근거가 되고,

결과를 보여줄 뿐이다.

우리의 관심은

기록에 남아 있지 않은

그 사람의 내면의 목소리에 귀 기울이는 것이다.

그는 왜 그런 선택을 했을까?

그의 선택을 이해하기 위해

역사를 가져오고

상황을 분석하고

그래서

그러한 선택을 한 그의 그릇을 잰다.

어느 시대나

사람은 똑같다.

영원을 살 것처럼 일생을 앙탈 부리는가 하면

일생을 찰나처럼 여겨 영원을 구하기도 한다.

그 사람들에게서

지금 내 주변 사람을 이해하고 싶다.

당위를 내세울 의도는 애초에 없다.

짠하면 짠한 대로

쩡하면 쩡한 대로

사람 냄새를 맡고 싶을 뿐이다.

굳이 덧붙인다면

왜 그랬냐고.

차례

Q

서양에 로마가 있다면 중국에는 한漢이 있습니다. 로마가 그리스 문명을 흡수하여 서양 문화의 원류를 만든 역사의 호수였다면, 한은 춘추전국시대 제자백가의 문명을 천하에 퍼뜨려 동아시아 문화의 꽃을 피운 역사의 뿌리였습니다.

한은 『초한지楚漢志』로 건국하여 『삼국지三國志』에서 망합니다. 한은 전한, 후한 합쳐 500년 동안 이어집니다. 중국 역사상 최장수 제국이죠. 중국 고대사 후반부를 꽉 채웠습니다.

서로마가 멸망하면서 서양 고대사가 막을 내리듯, 한이 몰락하면서 동양 고대사도 마무리됩니다. 서로마가 사라지며 유럽이 분열하여 암흑의 중세사가 시작되듯, 한이 해체되면서 중국 또한 역사상 최장의 분열 시기를 겪으며 중세로 넘어갑니다.

서로마와 한의 이런 평행이론은 여기서 끝나지 않습니다. 서로마와 마찬가지로 한도 우리가 어떻게 멸망했는지 잘 알지 못합니다. 『삼국지』에 등장하는 수많은 영웅 중 누구의 손에 의해 한의 도성이 함락되어 불타고, 마지막 황제가 참수되었는지, 아니 오백 년 제국이 무너지는 그런 역사적 순간이 있기라도 했는지 잘 기억이 나지 않습니다. 서로마가 시시껄렁하게 멸망했다면, 한은 흐지부지 사라졌기 때문입니다.

여기서는 공중분해한 한의 역사가 뽑은 대표 역적으로 네 명의 권력자들을 먼저 살펴볼 것입니다. 왕망王莽, 동탁董卓, 조조曹操, 사마의司馬懿가 그들인데요, 역사는 그들의 이름 마지막 자를 따 망탁조의莽卓操懿로 묶어 부릅니다.

그리고 앞서 서로마 제국이 멸망하는 순간, 그 비겁한 시간의 권력자들을 살펴보았듯이 한이 무너지면서 400년 이상 계속된 분열의 시기, 그 어리석은 시간의 지식인들도 찾아갈 것입니다. 그들을 통해 동서고금 반복되었던, 지금 이 땅의 권력자와 지식인의 관계를 생각해보는 시간을 가질까합니다.

왕망의 두 얼굴

망탁조의의 첫 인물 왕망. '망탁조의'는 자신이 태어난 나라에서 녹을 먹다 그 황제를 폐위하고 스스로 황제가 되려 한 대표적인 역적들을 묶어 일컫는 말이다.

동탁은 후한 소제를 폐위하고 시해까지 했지만, 스스로 황제에 오르지 못하고 살해당했다. 조조와 사마의는 황제를 꼭두각시로 만들어 능욕하였을 뿐 직접 황제를 폐위하거나 스스로 황제에 오르지는 않았으나, 그 아들(조비)과 손자(사마염)가 황제에 오를 기반을 닦았다. 그러나 왕망은 전한 평제를 독살하고, 유영을 꼭두각시로 만든 다음 선양의 형식을 빌려 스스로 황제에 오르고 새 왕조까지 열었다. 그 점에서 망탁조의의 으뜸이다. 시간적인 순서를 떠나 제일 앞에 내세울 만한 인물이다.

이제 그 왕망을 찾아가 보자. 그에 대한 역사적 평가는 크게 두 시기에 집중된다. 첫 번째 시기는 마흔다섯 살에 두 번째로 국정 최고책임자인 대사마에 올라 실권을 장악한 후 전한의 막을 내릴 때까지다. 두 번째 시기는 직접 새 왕조 신新을 세우고 황제에 올라 개혁을 벌인 시기다.

첫 번째 시기는 평제가 아홉 살에 어린 황제로 즉위하자 평제의 할머니인 태황태후(효원황후)의 추천으로 왕망이 두 번째로 대사마에 오르면서부터 시작된다. 태황태후는 왕망의 고모였다.

그런데 그는 국상에 오르자마자 제일 먼저 그를 추천한 늙은 태후의 정사 개입을 차단한다. 물론 태후의 건강을 염려한다는 명분에서다. 두 번째로 외척 세력을 배제한다는 대의 아래 평제의 외가를 외지로 내몬 뒤 멸족시켜 버린다. 그리고 마지막으로 자신의 장녀를 효평황후에 올려 황실을 정리한다. 그렇게 그는 대사마 국상國相이면서 동시에 황제의 장인인 국구國舅의 자리에 올라선다.

왕망

그러나 왕망은 이에 만족하지 않았다. 하루가 달리 커가는 사위 평제조차 불편했다. 그가 어디선가 자신의 외가를 왕망이 멸족시켰다는 소문을 듣지 않을까 노심초사한다. 왕망은 결국 사위 평제마저 독살한다. 그리고 이제 갓 두 살인 외손자 유영을 황제에 올린다. 그리고 자신이 섭정하며, 섭황제로 군림한다. 그것도 1~2년 하니 다 구차했다. 결국 선양의 형식을 빌려 제위를 찬탈하고 새 왕조를 세워 스스로 황제에 오른다. 이렇게 왕망은 황제를 독살하고, 폐위하고, 스스로 황제에 오른 망탁조의의 끝판왕이 되었다.

두 번째 시기에 대한 역사적 평가는 긍정과 부정이 엇갈린다. 그래서 유보적이다. 왕망은 황제에 오르자마자 준비해 둔 듯 자기 뜻을 펼친다. 그의 개혁 슬로건은 탁고개제托古改制, 즉 옛것을 본받아 당대 제도를 개혁한다는 것이다. 여기서 옛것은 바로 공자가 이상적인 국가로 삼았던 주나라의 제도였다.

탁고개제의 첫 번째 조치는 주나라의 정전법을 모방하여 전국의 토지를 왕전王田으로 바꾸고 개인의 토지 매매를 금지했다. 이 조치는 지방 호족의 대토지 소유를 제한하고 자영농의 빈민화를 막겠다는 의도였다. 두 번째 조치도 빈농들에게 저리의 자금을 융자해주고 노비의 매매를 금지했다. 가히 친 민중적인 혁신적 조치였다. 당연히 지배계급, 특히 전국 호족들의 이해와 정면으로 충돌했다.

그러나 그의 개혁은 실패로 끝났다. 그 이유는 첫째, 개혁 자체가 너무 이상적이었다. 둘째, 전한 말 사회 모순이 누적되어 개혁의 효과가 나타날 수 없었다. 셋째, 더욱이 지배계급의 노골적인 방해와 보이콧으로 개혁이 그나마 현실화되지 못하거나 왜곡되었다. 마지막으로 일반적으로 개혁의 성과가 가시화되기 전에 나타나는 혼돈의 시기를 견디지 못하고 다른 방책(대외정책)으로 민심을 돌리려다 그마저 실패하면서 권력 자체가 무너졌다.

결국 왕망은 곤양대전昆陽大戰에서 지방 호족세력의 지지를 업은 한 황족 유현의 군대에 대패했다. 그리고 유현이 장안으로 들이닥치자 현상금에 눈이 먼 백성들이 측근에 의해 이미 살해당한 왕망의 시신을 찾아내 다시 토막 내고 '더

잘라낼 몸뚱이가 남지 않을 만큼' 난도질했다. 그렇게 왕망은 철저하게 해체되었다.

왕망은 오늘날까지도 무시되고 부정된다. '실패한 개혁가' 정도라도 평가할 만한데, 그냥 '건너뛰어도 무방한 폭군'으로 치부된다. 조조와 사마의는 어쨌든 창업 군주로 재평가되었지만, 왕망은 지금까지 복권조차 이루어지지 않았다. 조조의 위魏와 사마의의 진晉은 중국 정통왕조 계보에 포함되었지만, 왕망의 신新은 그 어디에도 등록되지 않았다. 전한과 후한 사이에 잠깐 명함이라도 비출 수 있건만 역사는 그냥 건너뛴다.

여기서 굳이 그를 재평가하고 싶지는 않다. 다만 도대체 그는 어떤 인물인지가 궁금하다. 마흔다섯 살에 대사마에 오른 후 벌인 그의 패륜과 황제에 오른 후 추진한 그의 개혁을 어떻게 한 사람의 몫으로 묶어낼 수 있을까?

그래서 그 이전, 마흔다섯 살 이전으로 돌아가 보고자 한다. 거기서 왕망이라는 자의 정체성의 뿌리를 더듬어보고

자 한다. 그래서 상반된 모습을 보인 두 시기의 간극을 메워줄 비밀을 찾아내고, 그가 벌인 개혁의 패착점도 함께 짚어볼 생각이다. 어쩌면 지금도 혹 반복되는 왕망류 개혁가들의 자가당착을 거기서 엿볼 수 있지 않을까 해서다.

왕망의 이중성을 어떻게 해석해야 할까?

그의 마흔다섯 살 이전 삶의 퍼즐들을 정리하면,

1. 왕망은 전한 원제 4년, 기원전 45년에 왕만의 차남으로 태어난다. 그는 아버지를 일찍 여의고, 형도 일찍 죽어 어린 시절 과부가 된 어머니, 형수와 함께 가난하게 산다.

2. 그는 어릴 때부터 당시 유행하던 유교에 빠져든다. 한나라가 건국 초기부터 유교를 정치 이념으로 받아들이나, 실상은 법가와 도교가 주류를 이루었는데, 그 폐해가 당시에 이르러 극심해지며 반작용으로 유교가 다시 유행한다. 젊은 왕망은 유교를 학문으로써 뿐만 아니라 삶의 철학으로 내재화, 의식화한다.

3. 왕망의 집안은 성제 때 이르러 태황태후가 된 고모의 힘

을 빌려 백부인 왕봉에서 시작하여 숙부인 왕음, 왕상, 왕근까지 차례대로 20년 넘게 대사마와 대장군을 겸하며 전한 말 실권을 장악한다.

4. 왕망은 고모인 태후의 배려로 일찍이 궁에 들어가 살지만, 항상 겸손하고 검소했으며 궐 밖 유자儒者들과 친분을 계속 유지하며 명성을 쌓아간다. 특히 병석에 누운 백부 왕봉을 아버지처럼 모셨다. 그 지극정성이 오죽했으면 왕봉이 눈을 감으며 유언으로 누나인 태후와 조카가 되는 성제에게 자기 아들이 아닌 왕망의 뒤를 부탁한다. 이때부터 왕망은 출세 가도에 들어선다.

5. 서른아홉 살에 숙부 왕근에 이어 처음으로 대사마에 오른다. 그러나 대사마에 오른 후에도 철저한 자기관리와 가족 관리를 통해 정가는 물론 재야 유자들로부터도 존경을 받는다. 애제가 즉위하면서 애제의 할머니인 부태후가 존호를 요구하며 정사에 개입하자 왕망이 나서서 반대하다가 귀향을 간다.

조정과 재야 유자들이 그의 귀향 조치에 반발했다. 그러나 그는 묵묵히 귀향에 가서 정가와 담을 쌓고 두문불출한다. 그때 차남이 노비를 함부로 죽이는 해악을 저지르자 가차 없이 차남에게 스스로 자결토록 한다. 귀향 3년 동안 정제된 처신으로 재야 유자들로부터 그의 복권을 요구하는 상소가 끊이질 않는다.

6. 부태후가 죽은 뒤 마침내 복권되고, 애제가 죽고 평제가 즉위하자 마흔다섯 살에 두 번째로 대사마에 오른다.

이상의 퍼즐들을 보면, 과연 마흔다섯 살에 두 번째로 대사마에 오르기 전과 후의 왕망이 동일 인물인지 의심스러울 지경이다. 마흔다섯 살 이전 그는 유자로서 원칙적인 삶을 살았다. 그래서 조정은 물론 재야 유자들로부터 존경을 받았다.

그런 그가 대사마에 오르자 바로 황제를 시해하고 또 폐위하고 스스로 황제에 올랐다. 왕망은 공자가 주 문공을 최고의 인의지사仁義之士로 칭송하는 이유가 바로 조카의 왕위를 찬탈하지 않았기 때문이라는 사실을 누구보다 잘 안다. 실제로 외손자 유영으로부터 제위를 선양받을 때 그는 주 문공의 사례를 굳이 거론하며 스스로 눈물까지 보이기도 했다. 그런데 왜?

그렇게 공자와 유교의 근본을 저버리면서까지 황제가 되어서는 또 그 공자가 이상향이라 여겼던 주나라의 부활을 위해 조정의 반대를 무릅쓰고, 당대 지배계급과 척을 지면서까지 개혁을 밀어붙인다.

심지어 그 개혁을 성공시키기 위해 반대하거나 저항하는 세력들을 적폐로 몰아 잔혹하게 척결한다. 진영 세력만으로 똘똘 뭉쳐 위선을 부리고 여론을 왜곡하며 자신들의 정당성까지 조작한다. 그러다 결국 민중 봉기에 쿠데타로 그의 몸과 개혁은 철저하게 해체된다. 황제가 되어 그렇게까지 개혁에 집착한 이유는 또 무엇이었을까? 이쯤 되면 슬슬 그의 정체성이 궁금해진다.

오늘날 왕망에 대한 일반적인 평가는 그가 대사마에 오르기 전까지 그의 처신을 다 위선적이고, 계획된 이중성으로 치부하며, 대사마에 오른 이후 비로소 본성이 드러났다고 해석한다. 한 기록을 보면 그가 처음 대사마에 오를 때도 정적 순우장을 무고했다고 나온다. 그래서 그의 권력욕을 비난하며, 그의 이중성이 드러난 최초의 단초로 제시한다.

그러나 성제의 심문에서 순우장이 폐위된 허황후에게 복권을 약속하고 뇌물을 받았으며 또 그녀의 언니도 취했다고 자백한 기록도 존재한다. 그렇게 볼 때 그의 권력욕이 언뜻 비친 사례가 될 수는 있으나, 이 경우는 마흔다섯 살 이후 그의 악행을 해석하기 위해 무리하게 소급하여 편집한 비난이 아닌가 싶다.

그가 황제에 오른 뒤 벌인 개혁에 대해서도 명예욕에 겉멋 부린 것으로 과소평가한다. 그 이상은 평가할 만하나, 현실과 맞지 않는 역리의 조치였고, 친 민중 코스프레도 실체적 개혁보다 여론 조작에만 치중했다고 비난한다. 개혁의 실패가 이를 증명하고 말기에 도처에서 일어난 민란이 그의 개혁에 대한 심판이라고 주장한다.

그러나 왕망에 대한 이러한 비판은 특정 시기 그에게 내려진 역사적 평가를 전제로 전후 그의 삶의 퍼즐들을 억지로 짜 맞추어 지나치게 폄훼하고 난도질하는 것은 아닌가 싶다. 즉, 의도가 정당하다고 과정과 결과를 가볍게 볼 수 없듯이, 그 결과가 잘못되었다고 동기와 시도까지 묶어 매도할 수는 없다.

여기서는 비록 그의 삶이 우여곡절을 겪더라도 인간의 선택은 정체성이라는 나름의 일관된 알고리즘에 의해 작동한다는 전제로 왕망을 재해석해보고자 한다. 즉, 왕망이 대사마에 오른 이후 벌인 패륜을 거꾸로 그 전후 삶의 퍼즐에서 근거와 명분을 찾아내 해석해보고자 한다. 물론 그 근거나 명분을 찾아낸다고 해서 그의 패륜 행위까지 인정하거나 정당화하겠다는 것은 아니다. 한 인간의 실체에 좀 더 가까이 다가가려는 방법론의 하나로 선택한 것뿐이다.

근본주의자 왕망

왕망은 젊은 시절 당대 사회 모순에 대한 개혁 욕망이 강했다. 소위 반체제였다. 전한 말 백성에 대해서는 서슬 퍼런 법가의 칼을 들이대면서 자신들은 도교의 현실 도피적인 향락을 일삼는 지배계급의 이중성에 분노했고, 그래서 체제 전복을 꿈꿨다.

그가 유교에 빠져들면서 유교를 단순히 학문으로서가 아니라 반드시 이 세상에서 구현해야 할 사회 이데올로기로 받아들인 것도 그 때문이다. 그것도 천년 전 주나라를 재현하려는 근본주의로. 그래서 누구보다 자신과 자신의 주변에 대해 더 엄격했던 것이다.

그가 서른아홉에 처음 대사마에 오르자 이러한 개혁에 대한 의지를 피력하고, 그 실현을 위해 분투했다. 그러나 당시 사회 전반에 만연한 모순 앞에서 좌절했고, 조정의 반대와 저항에 무력감을 느꼈다.

그러나 그는 이 정도에서 물러날 수도, 포기할 수도 없었다. 아니 그럴수록 자신이 기득권 세력보다 도덕적으로 우월하다는 선민의식이 더 강해졌고, 자신의 주장이 시대적으로 역사적으로 정당하다는 확신이 넘쳤으며, 반드시 이 모순을 혁파해야 한다는 개혁의 당위성과 사명감이 단단해져 갔을 뿐이다. 그래서 귀양살이할 때 빛을 감추고 더욱 몸을 숙였으며 때를 기다렸다.

마흔다섯에 조정과 재야의 성원 속에 다시 대사마에 올랐을 때 그는 서른아홉 살 때 대사마가 아니었다. 개혁의 순도와 의욕만으로 개혁에 성공할 수 없다는 걸 경험했기 때문이다. 그는 두 번 다시 좌절하고 무력감에 빠지고 싶지 않았다. 더 이상 꿈을 좇는 이데올로거로 만족할 수 없었다.

사실 어릴 때부터 고모 태후의 배려로 궁궐에 살면서 20여 년 동안 대사마와 대장군으로 권력을 승계한 숙부들을 가까이서 지켜보았다. 또 서른아홉 대사마로 추진했던 개혁이 어떻게 좌절되고 실패했는지를 뼈저리게 경험했다. 그래서 누구보다 권력의 메커니즘과 속성을 잘 이해하게 되었다. 더욱이 그는 귀양 시절에 탁고개제를 통해 공자가 주창한 주의 제도를 복원할 로드맵을 구체화하였고, 이를 통해 민중의 피폐한 삶을 끝장낼 수 있다는 확신도 키웠다.

그래서 두 번째 대사마에 오르자 마음이 급했다. 개혁에 방해가 될 세력, 잠재적인 반대 세력까지 서둘러 정리했다. 고모인 태후도, 황제의 외척 세력도, 그리고 황제까지. 적당하게 타협할 수 없고, 설득하면서까지 함께 갈 수도 없고, 더욱이 위험 세력을 품고 갈 수는 없었다. 그가 추구하는 개혁의 정당성을 확신했기에 그 과정과 수단은 한낱 편법의 대상에 불과했다. 어차피 쏟아질 비난은 감수해야 하고, 걸리적거리는 장애물은 피를 보더라도 쳐내며 가야 한다고 스스로 되뇌었다.

그런데 개혁의 성과가 생각만큼 속도가 나지 않았다. 거기다 곳곳에서 개혁을 방해하고 왜곡하고 노골적으로 저항하는 움직임들이 나타나기 시작했다. 더 이상 대리통치나 섭정이라는 애매모호한 포지션과 복잡한 프로세스로 이러한 상황을 타개할 수 없다는 것을 느끼기 시작했다.

지난날 실권자였던 삼촌들이 절대 권력을 휘두르면서도 간접 통치 방식의 한계로 어렵고 구차하게 형식과 절차를 밟아나가는 모습들을 여러 차례 지켜보았다. 그때도 느꼈지만 그러한 정치는 그와 그의 개혁에 어울리지 않았다. 그래서 마음이 기울기 시작했다. 그 또한 힘든 결정이었다.

왕망은 스스로 이렇게 다짐했을 것이다.

"내가 한 번도 황제 자리를 꿈꾸고 탐한 적은 없다. 그러나 나에게 주어진 이 시대적, 역사적 사명을 위해서는 불가피하다. 나는 스스로 (유교) 교리적 패륜을 저지를 수밖에 없는 이 현실을 비통하게 생각한다. 그러나 이 개혁을 여기서 멈출 수 없다. 끝까지 갈 수밖에 없다.

이 시대를 기록하는 사가史家가 있다면 부디 내가 추진하고자 한 개혁만은 제대로 평가해달라. 그리고 내가 저지른 패

류은 바로 이 개혁을 위한 불가피한 선택이었음을 이해해
주기 바란다. 아니, 패륜이라 욕해도 좋다. 다만 나의 이 개
혁만은 역사에 꼭 기록해달라."

그러나 안타깝게도 그의 이런 간절한 바람을 역사는 외면
했다. 그는 개혁을 위해 패륜을 저질렀고, 개혁에 대한 평
가로 패륜을 이해해주기를 기대했다. 그러나 역사는 오히
려 그의 패륜에만 주목했고, 그 패륜으로 그의 개혁을 저평
가, 아니 평가의 대상에서 제외했다. 역사는 그의 패륜만을
기록했다.

역사가 승자의 기록이라는 기본 문법을 떠나, 당대 지배적
인 상식과 도덕 그리고 윤리마저 저버린 전과前過 위에 세
워진 그 어떤 성과成果에 대해서도 그 평가가 가혹할 수밖에
없다는 역사의 절대적 기준을 왕망은 끝내 이해하지 못했
다. 거기다 목적만이 아니라 과정 또한 중요하다는 세간의
눈대중조차 따르지 못해 결국 민심으로부터도 버림받았다.

나이 마흔다섯. 불혹不惑을 지나 천명天命을 기다리는 나이

에 스스로 기득권화되었으면서도 젊은 시절 꿈꾸었던 이상을 잊지 못했다. 그 이상을 실현하는 걸음걸음에 그토록 저주했던 과거 지배계급의 실루엣이 겹쳐졌다. '욕하면서 배운다'고 아니 더욱 노골적이고 치밀하게 업그레이드 버전으로 카피되었다.

그 역시 이따금 물 위에 비친 괴물이 된 자신의 모습에 섬 짓했을 것이다. 그러나 화석화된 자신의 이데올로기의 정당성만 반복하여 주문呪文을 외고, 타인과 비교해 그래도 상대적으로 도덕적 우위에 있다고 위안하며 스스로를 합리화했다.

자칭 도덕적 우위에 있다고 믿는 자들은 경쟁적으로 근본주의화되는 경향이 있다. 근본주의자들은 자신의 가치관과 세계관을 남에게도 강요한다. 그 강요가 공격성을 띠기 시작할 때 자신의 무기였던 그 도덕성이 위협을 받는다. 도덕성이 흔들리면 그들의 가치조차 의심받는다. 근본주의자들은 목표가 추구하는 가치와 수단에서의 도덕을 분리하여 가치에 우선을 두는데, 세상은 도덕을 기준으로 가치를 평가한다.

안타깝게도 왕망도 그랬고, 오늘날 그들도 이를 헷갈려 한다. 동서고금의 역사가 몇 번이고 반복해서 증명하는데도 불구하고. 왕망도 역사에서 배우려 하지 않았다. 그래서 왕망은 그 역사에서 삭제되었다. 그의 개혁도, 꿈도, 그리고 그의 이름마저도.

왕망에게서 언뜻 떠오르는 인물이 없습니까?

목표가 추구하는 가치와 수단에서의 도덕.

여러분은 그 가치와 도덕이 부딪힐 때

어느 것이 더 중요하다고 생각하십니까?

어느 하나를 위해 다른 하나를 희생할 수 있다고 생각하나요?

여러분의 대답이 '노'이면서도

그 가치를 위해 어쩔 수 없었다고 항변한 적은 없나요?

그래서

가치의 역사성을 못 알아주는

민심을 타박해본 적은 없나요?

그런 세상에 불만을 토로한 적은 없나요?

개혁의 역사는

가치와 도덕 사이 어디쯤에서

갈등을 거듭하다

선택한 결과인지 모릅니다.

두꺼비과 동탁

사실 동탁은 조조와 사마의는 물론 왕망과도 한배에 태울 수 없는 하수다. 그가 죽은 후 툭 튀어나온 그의 배꼽에 불을 붙이자 배에서 흘러나온 기름 때문에 며칠 동안 불이 꺼지지 않았다는 이야기가 전해온다. 그래서 그의 이미지를 살찐 돼지에 종종 비유한다. 그러나 그는 돼지과보다 두꺼비과다.

볼이 거칠고 통통하고 검붉은 외모며, 땅땅한 체구에 떡 벌어진 어깨까지 체형부터가 두꺼비과다. 『삼국지』에 따르면, 그는 궁기 마술이 뛰어나고, 몸이 잽싸서 암살자의 비수를 여러 차례 피했으며, 거기다 힘은 또 천하장사다. 몸이 굼뜬 살찐 돼지과가 아니다. 단지 거드름을 피워 그렇게 보일 뿐이다.

그가 한때나마 뤄양을 장악한 것은 천운이다. 십상시의 난으로 궁궐이 불타자 북망으로 도망치던 소제를 우연히 만난 것이 천운이 아니다. 눈만 껌뻑껌뻑거리던 두꺼비가 날아가는 파리를 잡아채듯 그 기회를 놓치지 않고 소제를 앞세워 궁에 입성하는 두꺼비과의 본능이 시대와 맞아떨어진 것이 천운이다. 찢어진 가는 눈으로 빠르게 계산하여 건들건들하며 호탕함을 부려서 패거리를 만들어 세력을 꾸릴 줄 아는 두꺼비과의 장점이 시대에 먹혀든 것이 천운이다.

그러나 천하를 쥐고도 만세오라는 성채를 만들어놓고 '만사가 형통하면 천하에 웅거할 테지만, 일이 꼬이면 이곳에 들어와 한평생 버틸 거야'라며 30년 치 식량과 보물을 꼬불친 것은 두꺼비과의 밑천을 그대로 드러낸다. 한마디로 그의 본질은 산적 두목이었다. 그러니 그에게 뤄양의 권력이 또 얼마나 버거웠을까?

한이 흐지부지 사라진 이유

후한은 장각의 황건적 난으로 멸망의 길로 접어든다. 그러나 중국 역사상 최장수 왕조인 한이 언제, 어떤 과정을 거쳐 마침내 그 문패를 내렸는지 잘 알지 못한다. 마치 서양 고대사의 서로마 제국처럼.

한 이후 통일왕조 없이 400년의 혼돈 시기가 이어지기 때문이기도 하지만, 촉한 중심의 『삼국지 연의』의 영향이 크지 싶다. 첫째로 삼국 중 하나인 촉한을 한의 정통 계보로 이어가다 보니 정작 후한의 멸망이 애매해졌다. 둘째는 『삼국지 연의』가 조조, 유비, 손권 세 영웅을 집중해서 다루다 보니 정작 그들의 놀이터가 된 후한의 존폐가 가려졌다. 마지막으로 우리가 아는 삼국지는 유비가 죽은 뒤, 적어도 제갈량이 죽은 뒤의 역사를 뒷전으로 내몰았다. 그래서 사마의를 잘 알지 못하는 만큼, 위, 오, 촉 삼국은 물론 한이 언제 멸망했는지를 놓쳐버리지 않았나 싶다.

그래서 여기서 후한 멸망 과정의 중요 사건들을 정리하고 넘어가자.

1. 황건적의 난이 발생하자 무력한 조정을 대신하여 난을 진압한다는 명목으로 지방 군벌이 세력화되고, 중앙 조정은 십상시의 수중에 떨어진다.

2. 십상시의 난을 진압하러 낙양으로 밀고 들어온 군벌 중 동탁이 정권을 장악한다. 그는 소제를 시해하고, 헌제를 옹립하여 왕망에 이어 망탁조의에 두 번째로 이름을 올린다. 그리고 후한은 이때부터 명목상의 수명만 이어간다.

3. 조조가 동탁을 몰아내고 정권을 잡은 후 헌제를 내세워 지방 군벌을 토벌하는데, 이에 대항하여 촉의 유비, 오의 손권이 나서며 삼국시대가 열린다.

4. 조조가 죽은 뒤 그의 아들 조비는 명목상 연명하던 후한

의 마지막 황제인 헌제에게 선양의 형식을 빌려 제위를 뺏
는다. 이로써 후한이 멸망하고, 그 뒤를 위가 잇는다. 220
년이다.

그래서 일반적으로 한나라는 기원전 206년에 세워져 서기
220년에 멸망하여, 426년 동안 존속한 중국 역사상 최장수
국가로 평가된다.

5. 유비가 세운 촉을 촉한으로, 한나라의 정통 계보로 인정
하여 전한, 후한에 이어 촉한까지를 하나의 왕조로 본다면
수명은 좀 더 연장된다. 유비는 후한이 망한 다음 해에 한
황실을 잇는다는 명분으로 촉한을 세우나, 유비의 아들 유
선에 이르러 위나라의 침공을 받아 263년에 멸망한다. 이
를 포함한다면 한의 수명은 470년으로 늘어난다.

이제 한漢이 멸망하고 수隋가 중국을 재통일할 때까지 중국
역사상 가장 긴 분열의 시기, 그 어리석은 시간을 찾아갈
때다. 시간상으로는 후한이 멸망한 220년에서 수가 남북
조시대를 끝내고 중국을 재통일한 589년까지 약 400년간
이다.

이 시기를 위진 남북조시대라 하며, 크게 삼국시대, 서진시대, 오호십육국시대, 남북조시대로 나눈다. 중국 역사에서는 흑역사로 지워버리고 싶은 시간이고, 실제로 최근까지도 역사 시간에서 건너뛴 시기였다. 그래서 우리에게도 잘 알려지지 않은 시간이다. 그러나 어쩌면 이 어리석은 시간이 우리에게 더 많은 인사이트를 제공해줄지 모른다.

실제로 서양사도 서로마 제국이 멸망한 이후 똑같이 분열의 시기를 맞았지만, 오늘날까지 재통일을 이루지 못했다. 그러나 중국은 400년 가까운 분열을 겪고도 다시 통일 왕조를 세웠고, 그 뒤로도 왕조가 교체되지만, 줄곧 통일 왕조를 이어갔다. 그 차이는 어디서 오는 걸까?

또한 오랜 분열의 공백기를 거쳤지만, 서로마 제국과 마찬가지로 이후 통일왕조에 한의 정치, 경제, 사회, 문화 전반의 DNA가 그대로 계승되고 있다. 그 이유는 또 무엇일까? 이런 의문의 답 또한 이 어리석은 시간에 묻혀 있을지 모른다.

〈100페이지 톡톡 인문학〉시리즈 1권에서 비겁한 시간의 권력자들을 다뤘듯이 여기서는 이 어리석은 시간을 함께한 지식인들을 살펴볼 것이다. 비겁한 권력자들의 모습에서 오늘의 위정자들을 만난 것처럼 여기서 오늘날 우리 주변에서 본 듯한 지식인들을 만날지도 모른다.

자기검열에서 못 벗어난 조조와 사마의

우리가 알았던 영웅들의 대 파노라마 『삼국지』를 정리한 사람은 우리가 몰라봤던 사마씨司馬氏, 사마 가문이다.

사마의는 조조가 세운 위를 장악했다. 둘째 아들 사마소는 유비가 세운 촉을 멸망시켰다. 다시 그 아들 사마염은 조조 아들 조비가 후한 헌제로부터 선양 형식을 빌려 제위를 찬탈하고 위를 세웠듯이 그 방식 그대로 위 원제를 폐위하고 진晉을 세웠다. 그리고 마지막 남은 손권의 오나라까지 멸망시키며 마침내 삼국을 통일했다. 그러니까 사마 가문 3대가 차례대로 촉, 위, 오를 무너뜨리고 통일왕조 진을 세운 것이다.

탁망조의에 함께 오른 조조와 사마의는 다른 듯 닮았다, 아니 닮은 듯 달랐다. 후한의 권력을 장악한 조조, 위의 권력

조조

을 장악한 사마의, 그 두 사람은 왜 허수아비 황제를 폐하고 스스로 황제에 오르지 않았을까? 권력 장악 정도만 보면 왕망보다 더 강력했고, 권력 지향 정도만 보면 동탁은 그들에 비할 바가 못 된다. 그럼에도 불구하고 두 사람은 왜 황제가 되지 않았을까? 반면 아버지, 할아버지 덕분에 권력을 그저 물려받은 조비와 사마염, 두 사람은 위를 세우고, 진을 건국하며 황제에 올랐다.

그 차이는 무엇일까?

신라 진흥왕 때 덕만(훗날 선덕여왕)과 권력투쟁에서 밀린 미실의 독백이다.

> "덕만이 부럽습니다. 왜 저는 성골로 태어나지 못했을까요? 제가 성골로 태어나 황후의 꿈을 꿀 수 있었다면, 그다음의 꿈도 꿀 수 있었을 텐데. 저 미실은 다음 꿈을 꿀 기회조차 없었습니다."

조조와 사마의는 후한의 권력을, 위의 권력을 장악하는 것이 그들의 목표였다. 그 이상은 꿈꿀 수 없었다. 제국의 녹

사마의

을 받으며, 황제의 신하로 평생을 살아온 그들이 황제를 꿈꾼다는 것 자체가 모반이고 역적이라는 무의식이 있었기 때문이다. 그래서 권력을 장악하고서도 황제를 마음대로 주무르는 위치에 올랐으면서도 스스로 황제가 되겠다는 꿈을 꾸지 못했다.

자기검열이다. 그래서 더욱 주변의 눈치를 볼 수밖에 없었다. 스스로 황제에 오를 대의와 명분을 찾다가 끝내 뜻을 못 이루고 눈을 감았다.

그러나 태어날 때부터, 세상에 나오면서부터 섬겨야 할 황제는 안중에 없고, 녹을 받는 신하라는 생각은 아예 없이 출발한 조비와 사마염은 달랐다. 그들이 황제를 폐하고 또 시해할 때 스스로 모반이나 역적이라는 관념은 없었다. 그래서 그 어떤 부담도 없었다. 즉 그들은 아버지나 할아버지가 스스로를 가두었던 자기검열에서 자유로웠다. 당연히 주변의 눈치를 보지 않았다. 굳이 대의와 명분을 애써 찾을 필요도 없었다. 주변을 설득할 이유도, 절차도 구차하게 느꼈다. 그들은 황제에 오르는 것이 오히려 더 자연스러운 과

정으로 여겼을 것이다.

바로 이 차이다. 왜 사람들이 아빠 찬스, 엄마 찬스까지 동원하면서 자식들을 한 단계 끌어올리려고 바둥댈까? 한 단계 높은 자리에서 출발하게 하여 더 높은 곳을 꿈꿀 수 있게 하려는 욕심 때문이다.

미실은 덕만과 달리 더욱 안달하고 지독할 수밖에 없는 자신이 애처롭고 불쌍하게 느꼈을 것이다. 그 미실의 안타까운 마음을 물려주고 싶지 않은 것이다. 좋든 싫든, 옳든 그르든 꿈의 크기가 현실의 확장성을 결정하는 것은 어쩔 수 없다.

졸저 『고전에서 역사를 읽다』에서 '쿠데타를 주도하는 자는 왜 막내아들일까'라는 의문에 답하면서 부모로부터 사랑을 받고자 하는 쟁심爭心이 어느 자식보다 큰 탓도 있지만, 부모의 자기장磁氣場에서 조금은 더 멀리 떨어져 있기 때문이라고 말한 바 있다.

마찬가지다. 한 나라를 세운 개국 왕이나 황제의 기가 오죽 셀까? 그 장남은 아버지의 기에 눌려 제대로 꿈을 꿀 수도, 키울 수도, 펼칠 수도 없었다. 그래서 그 자기장에서 조금 떨어진 둘째, 셋째아들 아니면 손자 대에서 더 큰 꿈이 현실화되었다. 조비도 조조의 장남이 아니라 셋째이고, 사마염은 사마의의 차남 사마소의 아들, 손자다. 아버지와 할아버지의 자기장은 물론 자기검열에서도 자유로운 자들이었다.

개업 군주만 그럴까요?

창업주도 마찬가지죠.

기 센 창업주 아래 장남은

힘든 창업 과정에

못 볼 거 다 함께한 탓에

이제, 차별화한답시고 변두리에서 애먼 짓하며

삐딱선을 타기도 하지만

기에 눌려 말이 어눌해지기도 합니다.

그러나

이미 재벌 반열에 오른 뒤에 태어나

아쉬운 것 없고, 부족한 것도 모르고 자라

생각도, 행동도

그침이 없는 재벌집 막내아들,

또 막내라 짠한 마음이 앞서는

창업주의 눈에 쏙 들기 마련이지요.

그래서

2세들의 왕자의 난도 일어나고

후계구도가 뒤집어지기도 합니다.

어리석은 시간의 지식인들 ①, 공융

위진 남북조시대, 그 어리석은 시간의 지식인들을 이해하기 위해서는 그 시대를 연 위정자들과 그들의 관계를 먼저 살펴볼 필요가 있다.

후한이 흔들리면서 수도 뤄양을 돌아가며 장악한 실권자들의 면면부터 보자. 시간순으로 보면 하진 → 원소 → 동탁 → 조조 → 사마의다. 하진과 원소는 십상시로 대표되는 구악세력 탁류파에 대항한 청류파 진영에 속했다. 그러나 하진何進은 십상시의 후원을 받아 황후가 된 누이 덕에 대장군에 오른 백정 출신이었다. 원소袁紹는 명문가 출신이나 어머니가 천출이라 사촌 형 원술이 '우리 집 종놈'이라 불렀다.

둘 다 출신 성분에 대한 심한 콤플렉스로 권력을 눈앞에 두고도 자신의 페이스를 잃고 스스로를 망쳤다. 동탁董卓은 하진과 원소에 비할 바가 못 된다. 서북지역 소군벌 출신으로 북방 이민족을 토벌하기도 했으나, 그 본질은 조폭이고, 산적 두목 다름 아니었다. 이를테면 '어쩌다 권력자'였다.

조조曹操는 그 아버지가 당대 환관의 우두머리인 조등의 양자로 들어가는 바람에 중앙권력에 쉽게 접근할 수는 있었으나 평생 환관의 손자라는 비아냥에 시달렸다. 그러나 하진과 원소처럼 그 출신 때문에 쭈뼛거리진 않았다. 타고난 성품 탓이다. 사람됨이 경박하고 위엄이 없다는 평도 들었지만, 원래 실용적이고 몸이 재고 허례를 싫어했을 뿐이다. 그래서 눈치 보느라 취하고자 하는 바를 허투루 넘긴 적은 없었다.

삼국시대를 정리한 사마의司馬懿는 후한 말 유교적 가풍을 지켜낸 청류파 명문 가문 출신이다. 출신 성분으로는 전혀 거리낌이 없다. 여덟 형제 모두 학문이 높다 해서 이름 지어진 사마팔달司馬八達의 둘째 중달仲達이다.

『삼국지 연의』에 나오는 "죽은 공명이 산 중달을 달아나게

공자

했다"는 고사성어의 중달이 사마 중달, 바로 사마의다. 이 고사는 『연의』가 창작한 거짓 옛이야기다. 그때 사마의는 공명이 죽은 것을 이미 알았고, 그의 죽음을 애도한 뒤였다.

다만 『진서』에서 그의 관상을 이리가 고개를 돌린 상, 낭고상狼顧相이라는 표현이 나온다. 그래서 사마의는 천성이 원체 신중하나, 그 속내는 이리의 습성도 감추고 있다.

이처럼 위진 남북조시대를 여는 그 어리석은 시간을 지배한 권력자들은 하나같이 성정이 꼬였다. 그 출신 성분으로 인한 콤플렉스 때문이기도 하지만, 혼돈과 혼란의 시기에 순리에 역행하며 권력을 쟁취하기 위한 그들의 선택에서 비롯되었다. 그래서 그들은 권력을 차지한 이후에도 당당하지도 떳떳하지도 못했다. 민심의 눈치를 보고, 지식인들의 비판을 애써 감수하며, 권력의 정당성을 구걸할 수밖에 없는 운명이었다.

어리석은 시간의 지식인, 그 첫 인물은 공융孔融이고, 그 시대 권력자는 조조다. 두 사람의 관계를 살펴볼 시간이다.

공융

앞서 잠깐 이야기했지만, 혼돈과 분열의 시기를 끝내고 통일 왕조를 꿈꾸는 패자들은 당연히 법가를 선호했다. 그러나 일단 패자에 오르면 법가를 안으로 감추고, 덕과 인을 중시하는 유가를 내세우고 유자를 받드는 모양새를 취하는 것이 으레 수순이었다.

그래서 조조 역시 모든 언행에 공자와 『논어論語』를 인용했고, 정책과 제도에 유교적 가치를 내세웠다. 또한 정권의 정당성을 담보하기 위해 후한말 청류과 명문 귀족들을 우대했고 그 자제들을 조정에 끌어들였다. 사마의처럼 속 보이게 병을 핑계로 입궐을 거부해도 속으로 부글거렸을 뿐, 겉으로는 두고 볼 수밖에 없었다.

그런데 공융은 다름 아닌 공자의 20세손이다. 거기다 후한 헌제 건안시대 가장 뛰어난 문재 7인을 가리키는 건안칠자建安七子의 으뜸으로, 당대 유자들 사이에 상징적 존재였다. 조조도 그에게 높은 벼슬을 주고 우대했다.

그런데 조조가 결국은 공융을 죽였다. 그래서 사람들은 "조조는 공융을 죽일 만큼 유자를 싫어했고, 유가를 배척했으며, 결국 법가를 따랐다"고 평했다. 조조는 이런 비난을 예상했을 텐데, 왜 이를 감수하면서까지 공융을 죽였을까? 아니, 왜 조조는 공융을 죽일 수밖에 없었을까?

공융은 일곱 형제 중 여섯째다. 어릴 때부터 신동 소리를 들었고, 열세 살에 아버지를 여의자 유독 삼년상을 치러 그 효성에 대한 칭찬이 저간에 자자했다. 하진, 동탁 등 당대 권력자들도 다투어 그를 자기 사람으로 만들려고 애썼다. 그러나 젊은 시절 공융은 현실 권력과 일체 타협하지 않았을 뿐만 아니라 입바른 소리로 권력자들을 되려 불편하게 했다.

당시 잘 나가던 조조와 원소에 의탁하라고 누군가 그에게 권유하자 그를 처형하기도 했다. 범엽은 『후한서後漢書』에 "그 기질이 너무 올곧았기에 넓은 시야를 갖지 못했다."고 애둘러 평했다.

훗날 뤄양을 장악한 조조에 몸을 의탁해서도, 공융은 사사

건건 조조의 심기를 건드렸다. 조조가 유비를 치러 형주 정
벌에 나서자 공융은 막말을 서슴지 않았다.

"어질지 않은 자가 어진 이를 치려고 하는 것은 의롭지 못
하다."

어떻게 자신이 몸을 의탁하고 있는 주군에게 경쟁하는 군
벌을 정벌하러 가는데 '의롭지 않다'는 막말을 드러내 할 수
있을까? 더욱이 상대 군벌을 '어진 자'로, 자신의 주군을 되
려 '어질지 못한 자'라고 대놓고 비난할 수 있을까? 물론 『삼
국지 연의』에 나오는 말이라 신뢰하긴 어렵다. 그러나 제
목을 내놓지 않고는 쉽게 할 수 있는 말은 아니다.

또 조조 아들 조비가 원소의 며느리를 처로 삼자 거짓 이야
기를 마치 고사인 양 지어내 조조의 무지를 희롱까지 했다.

"무왕은 주왕을 정벌한 후에도 달기를 주공에게 주었다."

그에 그치지 않았다. 조조가 나라의 양식을 비축하기 위해

금주령을 내리며 "옛 암군들이 술에 빠져 나라를 망쳤다."고 그 이유를 대자, 술을 좋아하는 공융은 대놓고 조롱했다.

"여색 때문에 나라 망친 일도 적지 않으니 그러면 여자도 금해야지."

마치 요즘 SNS에서 짖고 까부는 댓글을 보는 듯하다. 지금과 달리 당시 상황에서는 조조가 공융을 죽여도 몇 번은 죽이고도 남을 만했다. 그러나 조조는 그를 바로 해치지 못했다. 그가 공자의 종손인 데다 명문 귀족들과 사대부들의 지지를 한 몸에 받는 유자였기 때문이다.

그렇다고 해서 당시 유자들이 조조와 같은 위정자들에게 조직적으로 대항한 적이 없었고, 그들이 내세우는 한漢 황실을 스스로 세울 만한 현실적 힘도 갖고 있지 않았다. 그러면서도 지식인들은 위정자들에게 입바른 소리를 해댔고, 또 위정자들은 그런 지식인들을 함부로 다루지 못하는 그런 관계였다. 위정자들은 켕기는 것이 있었고, 지식인들은 그것을 빌미로 줄타기를 하는 것뿐이었다.

조조가 공융을 죽이는 데는 절차와 명분이 필요했다. 공융과 예형禰衡의 대화가 그 빌미가 되었다.

예형은 『삼국지』 최고의 독설가毒舌家였다. 세상 사람들이 다 욕하는데 오직 공융만이 그를 높이 평가했다. 유유상종? 거기서 그치지 않고 공융이 그를 조조에게 추천했다. 그러자 조조가 마지못해 예형을 만난다.

조조가 예형에게 자신의 참모들에 대한 평을 묻는다. 예형은 신이 난 듯 거침없이 독설을 뿜어낸다. 조조의 장자방인 "순욱은 상갓집에 문상 보내기에 딱 좋은 인물이고", 조조의 군사인 "순유는 조상의 묘소나 돌보기에 적당한 사람"이라며, "두 사람 모두 옷걸이나 밥 주머니같이 쓸모없는 사람들뿐이지요"라고 악담한다.

그러자 조조가 기가 차서 "그러는 너는?" 하고 묻자, 예형은 "천문과 지리를 하나로 꿰뚫어 보며, 삼교三敎(유교, 불교, 도교)와 구류九流(제자백가 사상)를 다 깨우친 자"라고 답했다. 조조는 속으로 비웃으면서도 고개를 끄덕이더니 예형에게

예형

"그렇다면 너는 연회 자리에 북 치는 일이 어울리겠다."고 명했다.

조조에게 수모당한 예형은 다음 연회에서 북을 연주하며 옷을 벗어 던지고 알몸을 드러냈다. 조조가 그 무례함을 꾸 짖자, 예형은 "임금을 속이는 짓이 무례한 짓이지 부모님이 주신 맑고 깨끗한 몸을 드러내는 것이 무슨 무례입니까?" 라며, "항상 찬역할 생각만 품고 있어 실로 마음이 더러운 자는 바로 당신이오."라고 일갈했다. 이 말에 그를 추천한 공융도 화들짝 놀라 "예형은 등용하기에는 좀 부족한 듯합 니다."라며 조조의 분노를 서둘러 달랬다.

그런 예형을 조조는 죽이지 않고 유표에게 보냈다. 굳이 예 형을 죽여 자신의 이름을 더럽힐 이유가 없다고 생각하여 그를 유표에게 떠넘긴 것이다. 예형은 유표에게 가서도 그 를 비아냥대고 배배 꼬아 비방했다. 이에 화가 난 유표 역 시 그를 죽이지 않고 다시 황조에게 떠넘겼다.

폭탄주를 돌리는 것이다. 누군가가 그를 죽일 텐데, 굳이 내 손에 피를 묻혀 세상 사람들에게 덕이 없는 자라는 소리까지 듣고 싶지 않다는 거다. 권력자들의 이런 속내를 철딱서니 예형만 몰랐다. 그의 머릿속에는 '뒤가 구린 그들이 설마 나를 죽이기야 하겠어?'라는 자만이 꽉 차 있었다. 그런데 마침내 죽임을 당한다.

예형은 황조를 앞에 두고 "사당에 모신 귀신 같은데, 그마저 제삿밥이나 축내고 효험마저 없는 자."라고 약을 올렸다. 그러자 황조는 분을 참지 못하고 자리를 박차고 일어나더니 예형의 목을 그 자리에서 날려버렸다. 헐.

예형은 권력자들이 그의 세 치 혀가 무서워서가 아니라 세상 사람들의 눈과 귀 때문에 그를 살려준 줄을 모른다. 그리고 조조나 유표처럼 화를 다스릴 줄 모르는 황조는 세상의 이목을 먼저 살필 줄을 모른다는 사실을 철딱서니 예형은 가릴 만한 인물이 못 되었다.

보라, 권력자들이 그의 시신을 앞에 두고 어떻게 처신하는지를. 유표는 안타까운 표정으로 예형의 시신을 정숙히 수

습해 장례를 대신 치러주었다. 그러나 그의 속마음은 조조와 다르지 않았다. 조조는 "썩어빠진 선비의 설검舌劍이 결국 자신을 죽였구나."라며 쓴 미소를 지었다.

철딱서니 예형. 그가 조조를, 유표를 그리고 황조를 하찮게 봤을지 모른다. 그의 세 치 혀로 마음껏 갖고 놀 수 있는 대상으로 여겼을지 모른다. 스스로 생각하기에 현실적 위치가 아니라 정신적 기준으로 그들이 자신보다 한참 아래로 보였을 것이다. 세상의 이치나 가치에 대한 형이상학적 이해를 전혀 갖추지 못한, 그저 권력욕에 절은 욕망덩어리 정도로 비쳤을 것이다. 그러나 거꾸로 그들이 그의 말과 행동을, 그리고 그를 어떻게 생각하고 있는지를 그 역시 몰랐을 것이다. 아니, 그들의 생각 따위는 안중에도 없었을지 모른다.

세상은 상대의 생각을 알지 못한 자를 실패한 자라 하며, 알려고도 하지 않는 자를 어리석은 자라 한다. 그 시대와 민심의 명분이 지식인 편에 선 것은 분명하나, 현실적 칼이 위정자의 손에 쥐어 있는 것 또한 사실이었다. 예형의 사례는 당시 지식인과 위정자들이 서로를 어떻게 바라보았는지를 단적으로 보여주는 사례다.

근자에 이 예형을 누군가에 비유한 적이 있습니다.

그의 독설이 예형을 닮았다는 이유겠지요.

그 비유가 정당한가를 떠나 씁쓰레합니다.

권력은 정당성이 없어 눈치 보고

그걸 빌미로 말장난이나 즐기는

당대의 위정자와 지식인의 관계를

작금에 오버랩시키는 듯해서 말입니다.

이제 공융의 죽음에 빌미가 된 예형과 대화를 살펴보자.
하루는 공융이 삼강오륜의 부자유친父子有親을 거론하며

"아버지와 자식 사이에 무슨 친함이 있겠어?
알고 보면 부부 사이에 욕정의 결과가 아니겠어?"

"또 자식과 어머니 사이에도 무슨 친함이 있겠어?
비유하자면 어떤 물건을 병 속에 두었다 꺼내면
그 물건은 이미 병과 떨어져 그 둘 사이에 무슨 친함이 남
아 있겠어?"

공자의 최고 윤리 덕목인 효를 가르치는 부자유친을 공융
은 이렇게 빗대어 조롱했다. 그러자 옆에 있던 예형이 공융
의 이 말에 감탄하며 맞장구쳤다.

"중니가 죽지 아니하였습니다."

중니는 공자다.
그러자 공융도 그런 예형에게 호응했다.

"안회가 다시 살아왔구려."

안회는 공자가 가장 아끼는 제자다.

참, 끼리끼리 유유상종이다. 나가도 한참 많이 나갔다. 그
들을 군이 두둔하고 싶지는 않지만, 이 삼강오륜은 전한 때
유학자 동중서董仲舒가 공자와 맹자의 윤리 덕목을 바탕으
로 정리한 것이다. 그러나 후한에 이르러 공자의 가르침이
지나치게 형식화하고 허례화되며 그 폐해가 드러나자 동중
서의 삼강오륜 또한 '백 투 더 베이직Back to the Basic', 기본으
로 돌아가 다시 생각해보자는 의중에서 과하게 비틀은 일
종의 은유다.

그러나 서로를 중니니 안회니 추켜세운 것은 성인에 대한
비례非禮다. 오만했다. 결국 공융은 이 대화가 빌미가 되어
그 목이 참수되어 길거리에 내걸렸는데, 그의 나이 쉰다섯
이었다. 죄명은 어이없게도 불효죄였다. 예능을 다큐로 받
아들인 감이 없지 않다.

그러나 분명한 건 효를 기본으로 하는 유교 창시자 공자의

20세손이, 어린 나이에 몸을 상해가면서 부친 삼년상을 치러 효자 소리를 평생 달고 살았던 공융이 불효죄로 참수되었다는 거다. 그리고 조조가 공융, 예형 등 당대 셀럽 유자들의 위선과 안하무인을 좋아하지 않았다는 거다.

왕망은 전한 말 도교와 법가로 피폐해진 세상을 구하고자 근본주의 유교를 들고나왔다. 200년 뒤 공자의 20세손 공융은 후한 말 삶과 동떨어진 유교의 형식주의를 타파하고자 공자의 기본 사상으로 돌아가자고 했다. 둘 다 그 방법이 문제였다. 왕망도, 공융도 그 생각을 세상과 소통하는 방법이 서툴렀다. 아니, 어리석었다.

어쩌면 이 또한 이데올로기와 사람 사는 세상과의 거리처럼 보인다. 그러나 한편으로는 왕망과 공융의 개인 문제이기도 하다. 두 사람의 공통점은 남을 비난하고 조롱하는 만큼 스스로 돌아보지 않았다는 것이다. 한 번이라도 나의 마음이 어디를 향하는지 돌아보았으면 좋았을 텐데. 어쩌면 그게 가장 어려운 일인지도 모른다.

세상과 소통하는 법

"훌륭한 목수는 아무도 보지 않는다고

장롱 뒤에 질 나쁜 목재를 쓰지 않는다"는 말이 있습니다

진짜와 가짜를 구분하는 기준입니다.

누구든 남을 속일 수 있습니다.

그러나 자신을 속이지 않아야 진짜입니다.

그래서 진짜는 감동을 줍니다.

여러분은 누군가에게 감동을 준 적이 있습니까?

어리석은 시간의 지식인들 ②, 하안

하안何晏은 하진의 손자로, 조조의 양자이자 사위다. 좀 복잡하다. 족보부터 정리하자. 하안의 할아버지, 하진은 후한 말 백정이었는데, 여동생이 영제의 후궁으로 들어가 총애를 받자 벼락출세하여 대장군까지 오른 인물이다.

그러나 출신과 기반을 달리하는 원소, 조조와 손을 잡고 같은 패였던 십상시를 몰아내는 쿠데타의 주역으로 돌변한다. 그러나 쿠데타 막판에 십상시의 처형을 주장하는 원소의 주장에 우유부단하게 머뭇거리다 십상시의 역쿠데타 과정에서 어이없게 살해된다.

이후 권력을 잡은 동탁이 하태후와 그녀의 아들 소제를 폐위하고 독살하면서 하안의 집안도 쑥대밭이 된다. 그의 아버지만 겨우 살아남았으나 일찍 죽자 어머니 윤씨가 조조에게 재가한다. 그래서 하안은 일곱 살에 조조의 양자가 된 것이다. 그래서 하진의 손자이자 조조의 양자라는 복잡한 족보를 갖게 된다.

그런데 어릴 때부터 유학은 물론 노장학까지 섭렵하는 등 워낙 총명하여 조조가 그의 딸을 주어 사위로 삼는다. 그래서 양자이자 사위가 된다.

양자도 자식인데, 어찌 딸과 혼인시켜 사위로 삼으려 했을까? 기록에 따르면, 조조가 딸을 워낙 사랑해서 남의 며느리로 주기 아까워 양자와 혼인시켜 가까이 두려 했다고 한다. 그러나 그보다 조조가 영특한 하안을 친자식처럼 아끼고 품으려 했다는 주장이 더 설득력 있다.

그러나 하안은 조조의 이런 살뜰한 마음을 등지고 조조의 집에서 나와 살았고, 조조의 자식들과 자리도 함께하지 않았다.

"예禮란 서로 다른 족族과 자리를 같이하지 않는 것에서 시

하안

작한다."

그는 이렇게 그 이유를 댔다. 조조 가문을 은근히 깐 것이다. 당시 명문 귀족들은 위정자들의 권세에 정면으로 대들지는 않았으나 뒤로는 그 출신 성분을 비아냥댔다. 조조 집안을 '환관에게 양자로 들어간 더러운 족속'이라 경멸했다. 그래서 하안도 자신이 조조의 양자임을 인정하지 않았다.

하안은 조조의 아들 조비, 손자 조예 시대에서는 중용되지 않았다. 그러나 그때 그의 학문에 대한 세간의 평가는 최고에 이르렀다. 그는 당대 유행하던 노장학老莊學에 머물지 않고, 주역을 철학 사유의 한 방법론으로 끌고 와 유가와 도가를 하나의 사상으로 해석하는 현학玄學이라는 새로운 학문을 세워, 그 창시자로 평가받았다.

그러나 조비는 하안이 조조의 양자임을 내세워 허세를 부리는 것이 탐탁잖아 등용하지 않았다고 주변에 말을 옮겼다. 그러나 조비의 이런 비난은 현실과 맞지 않다. 오히려 비슷한 연배인 조비가 하안을 견제했고 시기하지 않았나 싶다. 조비는 하안을 가자假子, 첩의 자식이라 대놓고 비하하기도 했다.

사실 하안은 개인적으로 보면 조조 가문과 어울리는 과가 아니었다. 하안은 앞서 소개한 공융, 예형과 같이 전형적인 위진시대 지식인이었다. 학문으로는 공융의 유교에 노장을 품어 현학을 이루어 다룰 죽림칠현에서 꽃을 피웠고, 처신은 공융의 자유분방함을 이어받아 자신을 세상과 분별하여 죽림칠현의 집단적 탈속脫俗의 시조가 되었다. 또한 위정자와의 관계도 공융과 다르지 않았고, 그 정신은 죽림칠현으로 이어졌다.

반면 실권자인 조조와 그 가문은 유학을 숭상하는 듯한 태도를 취하면서도, 형식적이고 위선적인 유가 풍토를 배척하고 실용을 추구했다. 조조는 양자이자 사위인 하안을 품을 수 있었지만, 조비와 조예는 공론만 일삼고 심지어 분粉 바르고 여장女裝하고 약藥하는 나약한 좀비 지식인들에게 곁을 주지 않았다.

조비는 하안을 겉으로 고고한 척하나, '추시부세趨時附勢', 시류를 좇고 권력자에 아부하는 성정이라고 비난했다. 이 표현은 사실 당시 지식인들을 보는 조비의 시선이었고, 그래서 통쳐 비난한 것이다.

그러나 하안의 변신은 오래 걸리지 않았다. 조예가 죽고 조방이 어린 나이로 황제에 오르며 조상曹爽이 실권을 잡은 직후다. 조상은 굳이 촌수로 따지면 하안의 조카뻘이다. 그런데 조조의 부마로서 조조 가문과 조위曹魏 황실의 어른 위치에 있던 그가 손아래 조상의 수하에 들어간 것은 의외였다. 또 들어가서 바로 붕당을 조직하고 권력을 휘두른 것도 이전 그의 언행으로 볼 때 도저히 이해할 수 없는 급변신이다.

나아가 조상을 부추겨 사마의를 일선에서 내리고 그 세력을 해체하여 조상의 1인 권력을 강화하는 일을 기획하고 주도하기까지 했다. 그가 어릴 때부터 그렇게 족을 중시하면서 스스로 다른 족이라고 자리를 같이하기 꺼렸던 조조 가문, 그것도 곁가지 출신인 조상의 앞잡이가 되어 같은 족이라고 가깝게 어울렸던 사마의를 철저하게 내쳐 고사하려 한 것이다.

당대 최고 석학이라 불리던 하안 역시 위진시대 지식인의 이중성에서 벗어나지 못한 셈이다. 그는 일찍이 스스로 조조 가문의 일원임을 부끄러워했다. 그래서 조비, 조예 시대에는 종친으로 관직의 지위가 낮지 않았으나 정사에 개입하기를 꺼렸고, 명문 가문 유자들과 어울려 학문을 논했으며, 그 당시 사마의가 주도한 『논어집해論語集解』를 직접 나서 집필하기도 했다.

그러던 그가 조상이 권력을 잡자 기다렸다는 듯 그 수하에 이부상서로 들어가 인사권을 휘둘렀다. 예나 지금이나 인사야말로 최고의 정치적 행위이고, 인사 책임자는 그 권력의 핵심이다. 그는 누누이 제대로 된 사람만 뽑으면 스스로 다스려진다며 무위정치無爲政治를 주장했었다.

무위無爲는 말 그대로 아무 일도 하지 않는 것이 아니다. 더 큰 전제가 있다. 무위정치가 제대로 돌아가려면 위정자가 탐진치貪瞋癡, 욕심과 노여움과 어리석음에서 벗어나야 한다. 군주는 군주답게 백성은 백성답게 각자 제자리를 지킬 수 있을 때 가능하다. 그러나 그가 꾸린 조상의 붕당에는 재주는 뛰어나나 언행이 가볍고 몸가짐이 천박한 그의 살롱 악동들뿐이었다. 탐진치의 끝판들이었다.

결국 하안은 조비가 말한 대로 당대 추시부세한 지식인에서 크게 벗어나지 못했음을 스스로 드러냈다. 단지 조상 집권 이전에는 그가 중용되지 못했고, 자신을 드러낼 기회가 없었을 뿐이었다. 그럼에도 마치 스스로 현실정치를 거부하는 듯한 쇼를 했을 뿐이었다. 새 정권이 들어설 때마다 자리에 뜻이 없다면서 밤새도록 핸드폰을 머리맡에 두고 자는 요즘 그들과 다름이 없었다.

심지어 하안은 정작 권력의 중심에 서자 앞장서 붕당을 조직하고 누구보다 당파적 인사를 벌였다. 그러면서도 겉으로는 무위정치를 논하고, 권력자 조상과 거리를 두며 마치 권력에서 한 발 떨어진 태도를 보였다. 여전히 스스로 위정자와 분별하려는 지식인 양했다. 참, 그때나 지금이나 이

족속들의 머리 구조는 간단치가 않다. 차라리 단순하기라도 했으면….

그러나 조상은 그의 역량이나 성정으로 볼 때 어린 황제에 위협적이지 않을 인물이라는 판단에 따라 낙하산으로 내려온 '어쩌다 권력자'에 가까웠다. 그의 측근들도 한 나라를 끌고 갈 내공을 키우기보다 나라의 곳간을 털 잔머리에만 밝았고, 하안과 그의 악동들은 살롱에 모여 앉아 권력을 희화화하는 설익은 정치평론가들이었다. 오래갈 권력 집합도 아니었고, 특히 사마의의 적수가 되지는 못했다. 결국 십 년을 꾹꾹 눌러온 사마의가 마침내 고평릉 사변을 일으켜 권력을 탈취했다.

그런데 집권한 사마의는 조상 일당의 국정농단사건 특별검사로 하안을 임명한다. 다들 고개를 갸우뚱한다. 물론 가까이서 조상의 비리를 가장 많이 지켜봤겠지만, 그 역시 그 국정농단 책임에서 벗어날 수 없는, 아니 핵심 피의자인데, 사마의의 의도가 뭐지?

사마의는 낭고상狼顧相이다. 이리의 습성을 타고났다. 그는 때가 아니라 판단되면 자신을 낮출 줄 알고, 필요하다면 거짓을 꾸밀 줄도 안다. 그러나 기회가 오면 절대 놓치지 않고, 한번 물면 숨을 끊을 때까지 놓지 않는다. 그에게 측은지심은 없다.

그래서 사람들은 사마의의 이 인사의 의도를 의심했다. 그러나 우리의 하안만 조금도 의심하지 않고 덤벼들었다. 도리어 언제 자신이 전 정권 실세였느냐는 듯 조상과 그 측근들을 필사적으로 치죄하여 사마의에 직접 보고한다.

"이 사건과 관련된 집안은 모두 일곱인 듯합니다."
하안이 조상 일당의 국정농단사건 전모를 보고한다.
그러자 사마의가 고개를 천천히 가로저으며

"부족하다. 내가 알기로 여덟이다."
하안은 고개를 갸우뚱하더니 금새 얼굴이 파랗게 질려

"저… 하안까지 포함합니까?"

그제서야 사마의는 천천히 고개를 끄덕인다.

하안은 또 헛똑똑이었다. 사마의가 특검을 맡겼을 때 패자임을 인정하고 사냥개 짓은 거부했어야 했다. 그런데 그는 조상과 자신을 분별했다. 그래서 덥석 물었다. 사마의는 일찍이 하안의 사람 됨됨이를 읽고 있었다. 그래서 미끼를 던졌다.

사마의는 조상 일당의 국정농단사건을 조사하러 다니는 하안을 보며 그렇게 기분이 좋진 않았을 것이다. 같은 족의 이중성 아니 본질을 보는 듯했을 테니까. 결국 하안은 모양만 구긴 것이 아니다. 그 역시 조상 등 일곱 집안과 함께 멸족당했다.

그는 끝내 자기모순에서 살다 갔다.

따지고 보면 그 역시 백정 출신의 손자이고, 탁류파인 십상시의 후원으로 권문세가 반열에 오른 집안 출신인데, 환관 출신의 조조 가문을 멸시하며 하나 되기를 거부했다. 헌제를 겁박해 제위를 찬탈하고 황제에 오른 조비를 비난하며 조정에 나서지 않다가 실권자 조상이 부르자 조정에 뛰쳐 나가 사마의를 숙청하고 조상의 1인 권력을 강화하는 당파 적 활동에 누구보다 앞장섰다.

그러고도 위정자 조상과 또 거리를 두고 분별하는 지식인 코스프레를 취했다. 사마의가 쿠데타로 집권하자 조상의 국정농단을 조사하는 책임자로 나섰다가 결국 사마의에 의 해 그들과 함께 처형당한다. 바로 그가 당대 최고의 석학 하안이다.

도대체 하안은 어떤 인물일까?

그의 정체성이 의심스럽다. 성적 정체성을 말하는 것이 아 니다. 그가 분 바르고 여장하길 좋아해서가 아니다. 그건 당시 지식인들 사이에 유행했다 하니 차치하고. 반골이라 보기에는 너무 세속적이고, 속물이라 보기에는 또 너무 순 진하다. 자신의 그림자조차 사랑한 그, 그에게서 앞서 간 공융이나 예형의 향이 난다.

그가 발탁한 난쟁이 지식인들과 살롱을 만들어 아지트로

삼고, 여장하고 약 먹으며 세상을 풍자하고 권력자들을 조롱하며 서로 키득거리는 것도 닮았다. 그러나 그들과 달리 직접 정치에 뛰어들어 권력자가 되고, 악동들을 불러 권력 집단을 이룬 것은 달랐으나, 기득권자가 되고도 여전히 권력자와 자신들을 분별하는 것은 꼭 그대로다.

하안이 세운 현학의 키워드는 무無다. "모든 유有는 무에서 시작하며, 무명無明으로 형상이 없을 때가 바로 만물의 시작점이다."라는 것이다. 맞는 말이다. 도가와 유가의 접점이기도 하고 이후 등장하는 선불교에 이어진다. 그런데 무는 귀하고, 유는 천하다는 귀무천유貴無賤有로 나아간다. 조금은 벗어났다 싶다. "무가 유이고, 유가 또 무이다."로 돌아와야 하는데. 그래서 현학은 결국 허무주의로 빠진다.

위진시대 지식인들은 염세주의자 행세하여 시인詩人이 되고, 광인 행세하여 철인哲人이 되고 싶어 했다. 그 시대가 그들을 그렇게 내몰았는지도 모른다. 하안이야말로 죽림에서 살롱을 만들어 청담淸談만 논했으면 좋았을 텐데. 그래서 그것으로 만족했다면 칠현七賢의 수괴가 되었을 텐데.

하얀은 그러지 못했다.

당인黨人이 되어 너무 깊숙히 현실 속으로 들어왔다. 당인이라면 '서생적 문제 인식과 상인적 현실 감각'이 요구되는데, 하얀은 '서생적 현실 감각과 상인적 문제 인식'으로 엇나갔다. 그래서 '기본으로 돌아가자'며 입바른 소리만 줄창 외친 공융과 한 줄기이면서 다른 결이 느껴지는 것이 이 때문이 아닌가 싶다.

기득권자가 되어서도

아지트에 모여 권력을 희화화하며 키득거리는 지식인,

전 정권의 앞잡이 노릇을 하고도

새 정권의 사냥개 짓을 마다하지 않는 지식인,

지식인은

반골일까? 속물일까?

아니면 순진한 걸까?

그를 부리는 권력자도 헷갈릴 듯

그러나 그 마음은 편하지 않을 것이다.

어리석은 시간의 지식인들 ③, 죽림칠현

죽림칠현竹林七賢, 위·진 정권교체기에 타락하고 부패한 정치 권력에 등을 돌리고 죽림竹林에 모여 거문고와 술을 즐기며 청담淸談으로 세월을 보낸 일곱 명의 선비를 일컫는다고 역사 사전은 소개하고 있다.

그 일곱 선비는 산도山濤, 완적阮籍, 유영劉伶, 혜강嵇康, 향수向秀, 완함阮咸, 왕융王戎이 그들이다. 먼저 그들 한 명 한 명의 삶부터 추적해보자.

일곱 중 나이로 가장 연장자인 산도부터 살펴보자. 그는 어려서 아버지를 여의고 어려운 삶을 살았지만, 노장사상을 좋아해 젊은 시절 완적, 혜강과 교유했다. 나이 사십이 되어 관직에 나갔으나 조상이 권력을 잡자 다시 낙향했다. 고평릉 사변 이후 사마의가 정권을 잡자 다시 조정에 나갔다.

죽림칠현(왼쪽부터 산도, 왕융, 완적, 완함, 유영, 혜강, 향수)

사마의의 정실부인 장춘화가 그의 종고모였다. 이후 고위 관직을 두루 거쳤고, 말년에 벼슬을 그만두고 귀향하여 은거하다 숨을 거뒀다.

산도, 죽림칠현이라 내세우기 너무나 평범한 삶을 산 거 아닌가? 젊은 한때 공직에 나가지 못해 재야인사 혜강과 어울렸을 뿐이 아닌가? 또 조상이 집권하자 스스로 낙향했다고 하는데, 조상 집권 때라면 같은 부류인 하안이 실세였는데, 왜 낙향했지? 둘 사이에 미세한 코드 차이라도 있었나?

적어도 죽림칠현다운, 권력에 대한 염증은 아닌 듯하다. 왜냐하면 사마의가 집권하자 인척의 연을 타고 끝내 다시 관직에 나섰고, 고위직까지 오른 것을 보면. 그리고 말년에 낙향했다고 내세우는데, 그것은 정년 은퇴 코스 아닌가? 죽림칠현이라면 기득권을 포기하고 자의적으로 은거를 선택해야 하지 않을까? 일곱 중 그 첫째부터 고개가 갸우뚱해진다.

그래서 죽림칠현의 실질적 영수는 산도보다 열여덟 살 아래인 혜강이다. 키가 크고 용모도 수려하였으며 어릴 때부

종회

터 총명해 일찍이 그 이름을 날렸다. 조조와 동향이라 집안이 모두 조위 정권에서 고위직에 올랐다. 그 역시 조조의 외손녀와 결혼하여 중산대부라는 벼슬이 내려지나, 뜻이 없어 관직에 나서지 않았다. 그렇지.

혜강은 평생을 죽림칠현의 동무 향수와 이웃하며 대장장이로 살면서 술과 시 그리고 거문고를 즐겼다. 제대로다. 사마의가 집권한 이후에도 앞서 소개한 산도가 그를 이부상서로 추천하였는데, 되려 사마씨의 유세객이 된 그에게 '여산 혜강이 거원 산도와 절교하겠다'며 〈여산거원절교서與山巨源絶交書〉를 보냈다. 진짜가 나타났다.

이후 사마소의 책사 종회가 혜강을 찾아간다. 권력의 실세인 종회가 재사들을 이끌고 그의 집을 찾아갔지만, 혜강은 망치질만 하며 그를 완전 개무시한다. 결국 종회가 돌아서려는데,

"무엇을 듣고 찾아와 무엇을 보고 돌아서시오?"
라고 혜강이 묻는다. 종회는

"들리는 바를 듣고 왔다가, 본 것을 보고 갑니다."

라고 답한다. 그후 종회는 사마소에게

"혜강은 와룡臥龍(제갈량)과 같은 존재이니 언젠가 조정의 근심거리가 될 것입니다."

라며 그를 제거하라고 권한다.

결국 혜강은 종회의 모략으로 죽음에 몰린다. 그가 감옥에 있을 때 태학당 3천 명의 학생들이 그의 석방을 요구하며 함께 감옥에 들어가길 주저하지 않는다. 저잣거리에서 처형이 집행되기 전 얼굴색 하나 변하지 않고 당당히 거문고를 찾아 '광릉산廣陵山'을 연주하고 죽음을 맞는다. 이 정도는 되어야 죽림칠현이고, 그 영수라 할 수 있지 않겠는가.

여기서 혜강을 죽음에 이르게 하여 죽림칠현을 사실상 해체시킨, 어리석은 시간의 또 다른 지식인 면모를 유감없이 보여준 종회鍾會도 챙겨보고 가자.

종회는 네 살에 『효경』을 읽고, 일곱 살에 『논어』를, 열 살에

『상서』를 통독한 천재 소년이었다. 그 역시 죽림칠현과 마찬가지로 당대 핫 아이템인 현학에 심취하여 하안의 살롱에 들락거리며 그의 악동들과 어울렸다. 성정이 맞았을지 모른다. 어쩌면 당시 조상 정권의 실세이기도 한 하안에게 눈도장을 받고 싶은 욕망이 더 컸을지도 모른다.

그 후 『사본론四本論』을 집필하여 이번에는 죽림칠현의 정신적 지주인 혜강에게 자랑하고 싶었다. 그러나 정작 혜강의 집 앞에 가서는 그에게 혹 핀잔을 들을까 주저하다 집 안으로 책을 던져두고 도망치듯 돌아선다. 창가로 연애편지를 던져놓고 도망가는 수줍음이 아니다. 성정이 배배 꼬인 탓이다.

영악한 그가 보기에 혜강은 하안과 뭔가가 다르다는 것을 눈치챘을 것이다. 어릴 때부터 평범하지 않은 아이로 소문이 자자한 그였기에 더더욱 쉽게 다가가기 두려웠을 것이다. 흉내를 내지만 스스로 진짜인지 불안했던 거다. 이무기들이 흔히 하는 고민이다. 그때까지만 해도 그 속이 꼬였어도 순수했다. 그래서 짠하다.

그래서 사마소의 책사가 된 후 재사들을 거느리고 혜강을 다시 찾아갔던 것이다. 보상심리다. 이무기들이 흔히 벌이는 복수다. 그런데 거기서 또 개무시당한다. 헐! 순간 체급의 차이를 절감한다. 이제는 혜강이 고깝고, 얄미울 뿐이다

촉의 장수 하후패는 강유에게 '위나라에서 촉을 위협할 자는 비록 나이는 어려도 종회뿐'이라고 예언했다. 15년 뒤 강유가 지키던 촉을 정벌한 자가 실제로 종회였다.

종회가 촉을 정벌하러 갔을 때다. 그는 촉의 전설적인 재상 제갈량의 묘에 제사를 지낸다. 개인적으로 존경할 수 있으나 정벌하러 간 장수가 적국의 전 재상의 묘에, 그것도 정복 길에? 결국 촉을 정벌하고 항복한 적장 강유의 꾐에 빠져 그와 함께 조국 위에 반기를 들다가 진압군의 화살에 맞아 최후를 맞는다.

이 인간도 연구 대상이다. 확실히 머리는 비상하고 영특하다. 또 사람을 보는 눈도 있다. 학문적 욕심도 있다. 세상의 대의도 알고 흐름도 읽을 줄 안다. 그러나 속이 좁고 꼬였

다. 그래서 오만하고, 아집이 강하며, 쟁심이 지나치다. 어릴 때부터 천재 소리 들었으면 그럴 수도 있다.

결국 불행하게 생을 마감한 것은 그 재능이 한시도 그 마음을 가만히 내버려 두지 않아서다.

세상에 이런 사람들이 있다. 그 재주가 뛰어나나 뾰족하여 상대방도 찌르지만, 자신도 찔리는 사람. 그런 사람일수록 세상과 사람과의 관계를 더욱 조심하고 신중해야 한다. 자신을 위해서라도 나섬에 신중해야 한다. 그런 사람일수록 욕심을 부리면 다치기 때문이다. 마음이 재능을 못 이겨 스스로 목을 조를 형상이다. 그런데도 그 머리가 쉬지 않고 입이 근질거려 제 수명을 앞당긴다. 운명이다.

어릴 때 신동 소리 들은 자는

젊어 성공한 자만큼이나 불행하다.

젊어 성공한 탓에

세상이 너무 쉽게 보이듯이

신동이라

남들보다 더 빨리 세상을 알아버린 탓에

마음이 한시도 쉴 수 없기 때문이다.

실질적 리더인 혜강이 죽자 죽림칠현도 뿔뿔이 흩어지며 각자도생의 길을 걷는다. 완적은 혜강과 더불어 죽림칠현의 핵심인물이다. 원래부터 도량이 크고 남에게 매이기를 싫어했고, 예법에 구속되지 않았다. 그러나 조정에서 출사를 거듭 요구하자 맛있는 술이 많고 술 잘 빚는 장인이 있다는 소문을 좇아 그 지역 교위 자리를 원해서 술만 마시며 세상사를 놓아버렸다.

그는 당대 지식인들과 달리 위정자들 앞에 나가 절대 입바른 소리를 하지 않았으며, 자신의 재능을 드러내지 않았고 섣불리 인물평을 내뱉지 않아 적을 만들지 않았다. 단지 스스로 도가적 기행만 즐겼기에 권력자 사마소의 총애를 받고도 무탈하게 수명을 다했다.

그의 조카 완함 역시 술통으로 술을 마셨으며, 오랑캐 노비와 정을 통해 아이를 갖는 등 자유분방한 삶을 살아 조정에 들지 못하고 늙어 외지 태수직을 하다 죽었다. 혜강과 더불어 거문고를 타며 술 마시던 향수 또한 혜강이 죽은 후 결국 관직에 나서긴 하나 마음을 열지 않고 말직을 돌다 죽었다.

죽림칠현 중 가장 기인은 유영이다. 평생을 술과 함께 살았으며 술만 마시면 발가벗고 천지가 다 자기 옷이라 했다. 그 역시 혜강이 죽자 관직에 나가나 도가 정치를 권하는 상소를 올렸다가 파직당했다. 이렇게 혜강 라인, 완적, 완함 그리고 유영 정도가 죽림칠현답게 처신했다고 할 수 있다.

막내인 왕융은 어릴 때부터 총명하고 비범한 언행으로 신동 소리를 들었고, 죽림칠현의 좌장인 완적에게 인정받아 어린 나이에 죽림칠현에 합류했다. 그 후 그는 종회의 추천을 받아 관직에 나서, 오나라 토벌에 공을 세우며 고위직에 올랐다.

사마염 이후 잇따른 정변과 팔왕의 난을 거치는 동안에도 뛰어난 처세로 삼공의 지위까지 오르고, 정권이 바뀌어도 직위를 지켰으며, 당파가 모두 죽임을 당해도 면직에 그쳤다. 그뿐 아니다. 삼공에 올라서도 전국에 장원을 거느렸고 직접 주판을 들고 다니며 제분소까지 운영할 만큼 탐욕스

러웠으며, 자두를 팔면서 그 씨앗에 구멍을 내 다른 사람이 종자로 쓰지 못하게 할 만큼 인색했다.

이렇게 죽림칠현의 면면을 살펴보았을 때, 먼저 '위·진 정권교체기에 타락하고 부패한 정치 권력에 등을 돌리고'라는 정의는 맞지 않아 보인다.

자의든 타의든 좋든 싫든 모두 관직에 다 올랐다. 물론 혜강처럼 관직을 받고서도 그 일을 하지 않고 대장장이로 산다거나, 완적처럼 직위와 무관하게 자리를 찾아가 거기서 술만 마시며 한평생을 흘려보낸 이도 있다. 그러나 산도나 왕융처럼 삼공에 이르는 고위직에 오르든 향수, 완함, 유영처럼 말직에 머물든 모두 관직을 받아 타락하고 부패한 정권의 녹을 받았다.

그들의 아지트도 수도 뤄양에서 멀지 않은 산양이다. 말하자면 죽림에서 청담하려면 전라남도 담양 정도는 내려가서 해야지 서울시 강북구 수유리 계곡에 옹기종기 모여 속세에서 벗어났다고 하기에는 조금 저의가 의심스럽다.

더욱이 당대 내로라하는 셀럽들이 하나둘 우연히 자리를 함께하는 것도 아니고 집단으로 모여 술 마시고 시 읊고 가야금 타고 때로 기연을 펼치면 이건 거의 관종짓이다. 그래서 그들의 언행은 금방 뤄양으로 전달되어 회자되니 조정과 황궁에서도 여간 신경 쓰이는 일이 아니었을 것이다.

또 죽림칠현이 그 아지트에서 집단으로 칩거한 기간도 좀 애매하다. 혜강이 산양에 내려가 아지트를 연 것이 조조의 외손녀와 결혼하고 몇 년 지난 시점에서 사마의가 집권하기 전 사이다. 즉, 245년에서 고평릉 사변이 일어난 249년 사이이다. 그리고 맏형인 산도는 244년에 공직에 나섰다가 몇 년 후 공직을 떠났다가 249년 다시 공직에 나선다. 그사이 공직을 잠시 떠났던 중간에 이 아지트에 들락거렸을 것이다.

그러니까 혜강이 낙향한 이후 그리고 산도가 공직을 비운 그 겹치는 시기가 죽림칠현이 완성체를 이룬 유일한 시간이 되는 셈이다. 말하자면 조위 정권의 사위인 혜강과 사마씨 정권의 외척인 산도가 함께 아지트에 머문 시기는 두 정권의 교체기 1~2년 정도에 불과하지 싶다.

그리고 255년에 사마소가 집권한 후 완적도 관직에 나가 사마소의 총애를 받았고, 신동 왕융은 일찍이 종회의 추천을 받아 관직에 나섰다. 그러니까 사마씨 집권 이후 아지트에는 다시 혜강과 향수만 덩그러니 남았을 것이다. 그리고 262년에 혜강이 죽임을 당하자 나머지도 추천과 강요 사이에서 일단 관직에 다 들어가며 해체되었다.

그러니 오늘날 손꼽는 칠현이 완성체를 이룬 기간은 1~2년에 불과하고, 스스로 끝내 세속과 거리를 두고자 한 이는 기껏해야 서너 정도, 그리고 다 뿔뿔이 흩어졌다. 그러니 말하기 좋아하는 뒷사람들이 그들을 죽림칠현으로 브랜드화하지 않았나 의심스럽다.

죽림칠현이 완성체로 움직인 기간도 짧지만, 그들 간 결속력 또한 의문이다. 혜강이 종회의 모략으로 죽임을 당했을 때 태학당 학생들도 들고 일어나 상소로, 집단행동으로 대항했지만, 죽림칠현이 개인이든 집단이든 어떤 반발을 보였다는 기록이 없다. 더욱이 당시 산도는 삼공의 위치였고, 완적은 사마소의 총애를 받을 때였다. 사마소의 책사인 종회가 직접 치죄에 나섰다 하나 적어도 그들은 혜강의 처형만은 반대하는 목소리를 냈어야 하지 않았나? 그러고 보면 그들이 하나의 브랜드로 묶일 만한 차별적 결사가 있었는지도 의심스럽다.

당시 지식인들 사이에 노장에 심취하고 유학의 형식적 예교에 반발하는 것은 일종의 유행이었다. 혼탁한 속세와 거리를 두고 자연에 들어가 시부를 나누는 것이 고상한 가치를 지키는 행동이라 여겼다. 솔직히 그것이 세상에 자신의 가치를 높이는 방도이기도 했다. 거기에 음주 가무를 더하고 상식을 깨는 기행을 부릴수록 사회의 위선에 대항하는 순도와 강도를 높이는 것으로 받아들여졌다. 그래서 그들의 삶의 패턴은 기본적으로 개인주의적이었다. 죽림칠현처럼 집단 탈속은 오히려 예외적 패턴이 아니었나 싶다.

우리 생육신처럼 세상에 뜻이 없어 벼슬에 나가지 않고 초야에 묻혀 살겠다면 각자 자기 고향에 돌아가 은거하면 된다. 굳이 무리를 지어 수도 인근 계곡에서 관종짓을 할 필요가 없다. 그래서 그들의 의도와 관계없이 그들의 행동은 당시 유행하는, 고도의 구직求職 활동으로 치부될 수 있다.

사실 끝끝내 관직을 거부한 이는 결과적으로 혜강밖에 없다. 그런데 앞서 소개한 대로 혜강 또한 조위 정권의 부마로, 사마씨 정권에서 관직을 맡기가 조금은 부담스러웠을 것이다.

고려 무신정권 때 죽림칠현을 흉내 내 속세에서 벗어나 계곡으로 들어가 음주와 시를 즐긴 일곱 문인이 있었다. 그들은 스스로 칠현이라 칭했고, 죽림칠현의 별칭인 강좌칠현江左七賢을 본떠 해좌칠현海左七賢이라고도 했다. 그러나 그들 역시 무신정권에 반발하여 자의에 의해 출사를 거부했다기보다 무신정권에 의해 발탁되지 못한 것으로 타의에 의해 탈속당했다고 보는 것이 더 사실에 가깝다.

실제로 고려의 죽림칠현과 어울렸던 이규보는 훗날 출사 제의를 받자 거절하지 않고 바로 관직에 뛰어올라 권력에 빌붙어 크게 출세했다. 그래서 혜강이 죽은 후 중국에서도 죽림칠현의 뒤를 이은 자가 없었으며, 칠현으로 불리길 스스로 부끄러워한 이도 있었다.

그래서 죽림칠현이 남긴 정신적 유산은 스스로 속됨을 멸시하고, 속됨을 깨뜨리고, 속됨을 넘어서기 위해 노력한 점이다. 그러나 그들의 현실은 속됨을 벗어나려는 노력이 실패하자 다시 속됨과 어울렸다는 후대의 박한 평가를 비껴갈 수 없다.

주변에도 그런 무리들을 쉽게 찾아볼 수 있다. 고고한 자들은 높은 봉과 같아 홀로 떨어져 있어도 우뚝 솟아 있다. 그러나 그런 무리들은 개천의 자갈 같아 무리 지어 흘러가는 물소리보다 더 시끄럽게 목소리 높이며 얼굴마당facebook에 출몰하지만 다 애기 주먹보다 잘고 꼬락서니도 닳고 닳아 누가 누군지 분간조차 안 된다.

100자 인사이트

지식인의 속성은

기본적으로 개인주의다.

세상과 뜻이 달라 거리를 두려면

자연에 묻히든, 골방에 잠기면 된다.

떼를 지어 권력을 조롱하고

기행을 부려 사회의 위선에 대항하는 것은

예인들의 몫이다.

지식인은

글로, 말로, 지식으로 존재를 드러낸다.

그래서

침묵이 저항이 되고,

절필이 항쟁이 된다.

지식인이 나고

물러섬이 중요한 까닭은

존재 자체가

메시지이기 때문이다.

한(漢)의 몰락, 그 이후 숨기고 싶은 어리석은 시간

초판 1쇄 발행	2023년 3월 23일
지은이	최봉수
펴낸이	신민식
펴낸곳	가디언
출판등록	제2010-000113호
주소	서울시 마포구 토정로 222 한국출판콘텐츠센터 306호
전화	02-332-4103
팩스	02-332-4111
이메일	gadian@gadianbooks.com
홈페이지	www.sirubooks.com
편집	최은정　**디자인**　이세영
마케팅 팀장	이수정　**온라인 마케팅**　권예주
종이	월드페이퍼(주)
인쇄 제본	(주)상지사
ISBN	979-11-6778-077-5(03900)
	(SET) 979-11-6778-079-9(04900)